Für ein wunderbares Weihnachten

Texte und Illustrationen von Anja Günther

Als der kleine Pinguin an diesem Morgen erwacht,
traut er seinen Augen kaum. Der ganze Zoo
ist bunt geschmückt. Überall leuchten Lichter
und Sterne funkeln in der Dunkelheit.
Irgendwie duftet es nach Tannenzweigen
und seltsam fremden Gewürzen.

Was ist bloß los?
Aufgeregt schwingt er sich auf seinen Schlitten.
Er möchte dem Geheimnis
auf die Spur kommen.

Der Pinguin fragt den Elch im Birkenwäldchen.
Und der hat eine interessante Vermutung.
„Das Eichhörnchen scheint in letzter Zeit ein wenig
durcheinander zu sein. Ständig sucht es seine Nüsse.
Vielleicht hat es ja auch die Lichter verteilt,
um seine Verstecke wiederzufinden?"

„Mmh,
möglich ist das",
denkt der
Pinguin.

Als der Pinguin weiterläuft,
hört er ein Kichern. Gut versteckt in ihrem Bau
freuen sich zwei Hasen über ihre neue Höhle.
„Völlig klar, warum hier alles blinkt und glitzert!",
sagen sie zufrieden. „Die Lichter machen unsere
Wohnung warm und gemütlich."

Die alte Schildkröte hat dieses Leuchten
schon viele Male erlebt und ist voller Vorfreude.

„Es ist Weihnachten!", ruft sie aufgeregt.
„Weihnachten?", fragt der Pinguin neugierig.
„Ja, Weihnachten! Das heißt Gott bringt Licht
ins Dunkel. Und deshalb leuchtet alles
in wunderbaren Farben."

Das Nashorn ist da ganz anderer Meinung. „Endlich gibt es etwas, womit ich mein wunderbares Horn schmücken kann!", sagt es stolz.

„Nein", schmunzelt
das Kamel, „der Stern
hat eine andere Bedeutung.
Er zeigte vor vielen Jahren
drei weisen Männern
den Weg zu einem
neuen König.
Sie machten sich
mit Kamelen, so wie ich
eines bin, auf die Suche
nach einem frisch geborenen Baby.

Es sollte ein Königskind sein."
„Aber wo ist es denn geboren?",
will der kleine Pinguin wissen.

„Also, es war so",
erklärt der Esel, „seine Eltern,
Maria und Josef reisten nach
Bethlehem. Sie ritten sicherlich
auf genau so einem
Prachtexemplar wie mir!

Sie mussten dorthin, das hatte der Kaiser befohlen.
Nur war der Zeitpunkt für Maria denkbar ungünstig,
denn sie erwartete ein Baby. Und es war nicht irgendein
Baby. Dieses Baby würde die Welt retten. Es war Jesus.

Er wurde dort, in Bethlehem,
in einem Stall geboren."
„In einem Stall?!",
rief der Pinguin
entsetzt.

Und die Schafe berichten noch Unglaublicheres:
„In der Nähe des Stalls waren Hirten auf dem Feld
bei ihren Schafen. Auf einmal sahen sie einen Engel.

Könnt ihr
euch denken
wie die sich
erschrocken haben?
Der Engel aber sagte:
‚Habt keine Angst.
Ich habe eine gute Nachricht
für euch. Heute ist Euer Retter geboren!
Er heißt Jesus. Geht nach Bethlehem,
dort werdet ihr ihn als Baby
in einer Futterkrippe liegend finden.'"

„So war es", sagt auch der Ochse, „und im Stall meines Ur-ur-ur-ur-
ur- ... Opas wurde es geboren", ergänzt er stolz. „Denn es gab kein
freies Zimmer mehr. In Opas Futterkrippe haben sie das Kind gelegt.
Stellt euch das vor! Und dann kam der ganze Besuch.
So eine Aufregung! Zuerst kamen die Hirten und dann
die weisen Männer auf ihren Kamelen. Alle jubelten und
sagten: ‚Das Kind ist Gottes Sohn. Es ist unser Retter!'
Seither feiern wir jedes Jahr seinen Geburtstag."

Das ist ja wunderbar!
Diese guten Nachrichten kannte der Pinguin
noch nicht. Aber jetzt ist ihm klar,
warum alle in freudiger Aufregung sind
und der Zoo so wunderbar geschmückt ist.

Ein ganz besonderer Tag steht vor der Tür,
nämlich der Geburtstag von Jesus.
Ein Fest für alle. Weihnachten bedeutet:
Gott ist zu uns auf die Erde gekommen.

Mit frisch gebackenen Plätzchen
macht sich der Pinguin auf den Weg,
um mit allen Tieren Weihnachten zu feiern.

Hab auch du ein

fröhliches und
gesegnetes
Weihnachtsfest